VENTE APRÈS DÉCÈS

De M. l'Abbé A. S., Vicaire honoraire à Saint-Philippe

HOTEL DROUOT, SALLE N° 3

Les Lundi 5, Mardi 6 et Mercredi 7 Décembre 1898

A DEUX HEURES

MOBILIER, LIVRES

PAR LE MINISTÈRE

DE Me NOTTIN, COMMISSAIRE-PRISEUR

rue Saint-Georges, 6

SUCCESSEUR DE Mr SEIGNEUR

Assisté de M. Jules MARTIN, Libraire-Expert

rue de Savoie, 6

EXPOSITION PUBLIQUE

Le Dimanche 4 Décembre 1898, de 1 heure à 5 heures 1/2

PARIS — 1898

IMPRIMERIE MAULDE et RENOU

MAULDE, DOUMENC & Cie

IMPRIMEURS DE LA COMPAGNIE DES COMMISSAIRES-PRISEURS

Rue de Rivoli, 144. — Paris

VENTE APRÈS DÉCÈS

De **M.** l'Abbé **A. S.**, Vicaire honoraire à Saint-Philippe

HOTEL DROUOT, SALLE N° 3

Les Lundi 5, Mardi 6 et Mercredi 7 Décembre 1898

A DEUX HEURES

MOBILIER, LIVRES

PAR LE MINISTÈRE

DE **Mᵉ NOTTIN**, COMMISSAIRE-PRISEUR

rue Saint-Georges, 6

SUCCESSEUR DE Mᵉ SEIGNEUR

Assisté de **M. Jules MARTIN**, Libraire-Expert

rue de Savoie, 6

EXPOSITION PUBLIQUE

Le Dimanche 4 Décembre 1898, de 1 heure à 5 heures 1/2

PARIS — 1898

ORDRE DES VACATIONS

Lundi 5 Décembre 1898

LIVRES

Mardi 6 Décembre

USTENSILES DE MÉNAGE, LINGE, ARGENTERIE

OBJETS D'AMEUBLEMENT

Mercredi 7 Décembre

MEUBLES MEUBLANTS

CONDITIONS DE LA VENTE

La vente aura lieu au comptant.

Les acquéreurs paieront CINQ POUR CENT en sus des enchères.

MAULDE, DOUMENC et Cie, impr. de la Compagnie des Commissaires-Priseurs, rue de Rivoli. 144.   400—77672

DÉSIGNATION

BEAUX ET BONS MEUBLES

Provenant en majeure partie de la MAISON GROHÉ

SALON

Quatre Bibliothèques à une porte pleine, en palissandre ciré, style Louis XVI.

Cinq autres plus petites, de même style.

Six Fauteuils en palissandre sculpté, style Louis XVI.

Six Chaises en palissandre sculpté, style Louis XVI.

Pupitre à écrire debout, en acajou.

Chevalet porte-cartons en bois noir.

Table à thé en marqueterie de bois.

Pendule en marbre blanc, ornée de bronze ciselés et dorés, de Dasson.

Deux Flambeaux en bronze ciselé et doré.

Flambeau à trois lumières en cuivre rouge.

Statuette en bronze, Vierge et Enfant.

Deux Gravures encadrées : Portraits de Bossuet et de Mgr de Beaumont.

Quatre Rideaux de fenêtre en damas de soie.

Tapis-moquette unie fond rouge.

CABINET DE TRAVAIL

Beau Bureau en noyer sculpté.

Fauteuil de bureau canné.

Piano droit en palissandre de Erard, n° 61814.
Tabouret de Piano.
Deux Casiers à musique.
Pupitre à musique.
Table à jeu en palissandre ciré.
Étagère en palissandre ciré.
Petite Table à tiroir.
Chiffonnier en acajou.
Écran garniture soie.
Pendule en bronze doré de Barbier-Lejeune.
Deux Flambeaux bronze doré.
Peinture sur bois: *Sainte-Famille*. Cadre et chevalet
  bois noir.
Trois Gravures encadrées : Vierge, Père Lacordaire,
  Musiciens.
Divers Ustensiles de bureau.
Deux Rideaux de croisée en soie cerise.
Trois Portières peluche.
Tapis moquette unie fond rouge.

CHAMBRE A COUCHER

Lit de milieu en palissandre.
Armoire à glace à trois portes, en acajou moucheté.
Deux Tables de nuit.
Table à ouvrage en palissandre et thuya.
Guéridon en acajou.
Guéridon en marqueterie.
Toilette en palissandre et marbre blanc.
Bergère en bois sculpté recouverte en velours frappé.
Pendule de voyage à répétition, de Bréguet.
Petite Pendule de voyage, de Bréguet.
Deux Flambeaux Louis XVI en métal argenté cannelé.
Flambeau réflecteur.
Deux Cornets en porcelaine de Chine.
Miniature : Vierge. Cadre bois sculpté.

Portrait de Montalembert. Dessin au crayon. Cadre bois sculpté.
Boîte à outils.
Deux Rideaux de fenêtre en soie cerise.
Carpette.

SALLE A MANGER

Table carrée à allonges.
Buffet-Étagère en acajou moucheté.
Deux Meubles d'entre-deux en palissandre.
Huit Chaises en palissandre sculpté.
Pendule de B. MARTINOT.
Trois Gravures encadrées.
Quatre Rideaux de fenêtre en drap bordé de velours.
Service de table en porcelaine et Verrerie.
Service à thé en porcelaine décorée.

ARGENTERIE

Boîte en chêne contenant : Douze Couverts de table, douze Couverts d'entremets, douze petites Cuillers, une Louche, un Couvert à salade, une Cuiller à sucre, une Pince à sucre, Ciseaux à raisin, dix-huit Couteaux lames acier avec manches ivoire, dix-huit Couteaux à dessert lames argent, manches ivoire (Maison TOURON).
Deux Candélabres à quatre lumières.
Théière avec réchaud, Cafetière, Sucrier, Pot à crème (Maison TOURON).
Deux Bouilloires.
Deux Cafetières.
Chocolatière.
Six Fourchettes à huîtres, manches ivoire.
Service à poisson.
Manche à gigot.
Coquetier.

Rond de serviette.
Timbale.
Divers Objets en métal argenté.

BIJOUX

Montre en or, de BRÉGUET.
Bague en or.

___

Literie. Linge de corps et de ménage. Garde-robe. Pelisse
en fourrure. Ornements sacerdotaux. Calice en
argent, Livres de piété, etc.
Ustensiles de cuisine et de ménage. Meubles divers en
noyer et bois blanc. Armoires à linge. Malles, valises,
sacs de voyage.

___

Environ 60 bouteilles de vins divers. Casiers à bouteilles.
Débarras.

LIVRES

—

1. **Baur**. Geschichte der Cristlichen Kirche. *Tübingen*,
1863, 4 vol. in-8, demi-rel. mar.
2. **Bible** (La). Traduction nouvelle avec commentaires
par Ed. Reuss. *Paris, Sandoz*, 1874-81, 18 vol. in-8,
br.
3. **Biblical Archœology**. Transactions and procee-
dings of the Society of Biblical Archæology. *London*,
1872-1893, 26 vol. in-8, demi-rel. parch. *Pl.*
4. **Bibliothèque spirituelle**, publiée par Silvestre
de Sacy. *Paris. Techener*, 8 vol. in-12, mar., tr. dor.
  Bossuet. Lettres de piété et de direction, 2 vol. — François de
Sales. Introduction à la vie dévote, 2 vol. — Bossuet, Bourdaloue et
Massillon. Sermons choisis, 3 vol. — Nicole. Petits traités de morale.

5. **Bossuet**. OEuvres complètes. *Paris, Vivès, 1866,* 31 vol. in-8, demi-rel. mar. non rog.

6. **Bossuet**, Traité de la connoissance de Dieu et de soi-même. *Paris, Techener, 1864,* in-12, mar. br. tr. dor.

7. **Corpus** scriptorum ecclesiasticorum latinorum, editum Academia Litterarum Cœsareæ Vindobonensis. *Vindobonæ, 1866-1898,* 40 vol. in-8, rel. et br.

8. **Cyrilli** (Sancti Patris) in D. Joannis Evangelium, edidit Pusey. *Oxonii, 1872,* 3 vol. in-8. cart.

9. **Epiphanii** Episcopi Constantiœ opera, edidit Dindorfius. *Lipsiæ, Weigel, 1859,* 5 tomes en 4 vol. in-8, demi-rel.

10. **Eusebii** chronicorum libri duo, édidit Schoene. *Berolini, Weidmann, 1875,* 2 vol. in-4, demi-rel.

11. **Farrar**. The life of Christ. — The life and work of saint Paul. — The early days of Christianity. *London, Cassell,* 6 vol. in-8, cart. *Pl.*

12. **Fénelon**. Traité de l'éducation des filles. *Paris, Techener, 1869,* in-12, mar. non rog.

13. **François de Sales** (Saint). OEuvres complètes. *Paris, Vivès, 1862, 1862,* 12 vol. in-8, demi-rel.

14. **François de Sales** (Saint). Lettres. *Paris, Techener, 1865,* in-12, mar. br. tr. dor. *(Belz-Niédrée.)*

15. **Freppel** (L'Abbé). OEuvres. *Paris, Bray,* 10 vol. in-8, demi-rel.

16. **Gratry** (A.). OEuvres. *Paris, 1858-68,* 19 vol. in-8 et in-12, demi-rel.

17. **Harnack** und **Schürer**. Theologische Literaturzeitung. *Leipzig, 1876-1894,* 19 vol. in-4, parch.

18. **Herzog** und **Plitt**. Real-Encyclopädie für protestantische Theologie und Kirche. *Leipzig, 1877-88,* 18 vol. in-8, parch.

19. **Imitation** de Jésus-Christ, traduit du latin par M. de Marillac. *Paris, Techener, 1854,* in-12, mar. bl. tr. dor. *(Capé.)*

20. **Liber Pontificalis**. Texte, introduction et commentaire, par l'abbé Duchesne. *Paris, Thorin, 1892,* 2 tomes en 7 fasc. in-4, br.

21. **Lacordaire** (Le P.). OEuvres. *Paris, Poussielgue,* 1872, 11 vol. in-8, demi-rel.

22. **Martigny**. Dictionnaire des antiquités chrétiennes. *Paris, Hachette*, 1877, gr. in-8, demi-rel. *Fig.*

23. **Montalembert** (Le comte de). OEuvres. *Paris, Lecoffre*, 16 vol. in-8, demi-rel.

24. **Origenis** Hexapla edidit Field. *Oxonii*, 1875, 2 vol. in-4, cart.

25. **Ozanam** (Fréd.). OEuvres. *Paris, Lecoffre*, 11 vol. in-8, demi-rel.

26. **Robinson** (Armitage). Texts and studies, contributions to Biblical and Patristic literature. *Cambridge*, 1893-97, 5 vol. in-8, en livr. *Pl.*

27. **Studia** Biblica et ecclesiastica, by members of the University of Oxford. *Oxford*, 1896, 4 vol. in-8, cart.

28. **Thomassinus**. Dogmata theologica. *Parisiis, Vivès*, 1870, 6 vol. in-4, demi-rel.

---

29. **Adam de La Halle**. OEuvres complètes, publiées par E. de Coussemaker. *Paris, Durand*, 1872, gr. in-8, mar. br. tr. dor. *Pl.*

30. **Ambros**. Geschichte der musik. *Leipzig*, 1880, 4 vol. in-8, br.

31. **Anciens Textes français** (Publications de la Société des). 62 vol. in-8, cart., non rog.

32. **Bach** (Joh. Seb.). Werke. *Leipzig, Breitkopf*, 1860, 31 vol. in-4, br.

33. **Balmès**. Philosophie fondamentale. *Paris*, 1852, 3 vol. in-8, demi-rel.

34. **Beaumarchais**. Théâtre complet. *Paris, Jouaust*, 1871, 4 vol. in-8, br.

35. **Bengesco**. Bibliographie des œuvres de Voltaire. *Paris, Perrin*, 1885, 4 vol. in-8, br.

36. **Bibliothèque** de l'École des Chartes. Revue d'érudition. *Paris, Picard*, 1870-1898, en livraisons.

37. **Bibliothèque elzévirienne**. *Paris, Daffis*, 48 v. in-12, cart.
   Anciennes poésies, 12 vol. — Ronsard, 8 vol. — Remy Belleau, 3 vol. — D'Argenson, 5 vol. Straparole, 2 vol. — Saint-Gelays, 3 v.

38. **Boccace**. Les dix Journées, traduit par Le Maçon. *Paris, Jouaust*, 1873, 4 vol. in-12, parch. *Eaux-fortes.*

39. **Boutkowski**. Dictionnaire numismatique. *Leipzig*, 1877, in-8, demi-rel. mar.

40. **Cent Nouvelles** nouvelles, avec notes par P. Lacroix. *Paris, Jouaust,* 1874, 10 vol. in-12, br. *Eaux-fortes.*

41. **Corneille** (P.). OEuvres, nouv. édit., par Marty-Laveaux. *Paris, Hachette,* 1862, 12 vol in-8 et album gr. in-8, d.-rel. chag., n. rog.

42. **Desjardins.** Le Petit-Trianon. *Versailles,* 1885, gr. in-8, br. *Pl.*

43. **Du Deffand** (La marquise). Correspondance complète. *Paris. Plon,* 1865, 2 vol. in-8, d.-rel. mar. bl.

44. **Duplessis.** Histoire de la Gravure. *Paris, Hachette,* 1880, gr. in-8, br. *Pl.*

45. **Dussieux.** Le Château de Versailles. *Versailles,* 1885, 2 vol. in-8, br.

46. **Ephrussi** (Ch.). Paul Baudry, sa vie et son œuvre. *Paris,* 1887, gr. in 8, br, *Pl.*

47. **Erasme.** Les Colloques, trad. par Develay. *Paris, Jouaust,* 1875, 3 vol. in-8, mar. br., n. rog. *Papier Whatman.*

48. **Franqueville** (Le comte de). Le Gouvernement et le Parlement britanniques. *Paris,* 1887, 3 vol. in-8, br.

49. **Gevaert.** Histoire et théorie de la musique de l'antiquité, 2 vol. — La Mélopée antique dans le chant de l'Eglise latine, 1 vol. Ens. 3 vol. in-8, br.

50. **Goncourt** (E. et J. de). Histoire de la Société française pendant la Révolution. *Paris, Quantin,* 1889, in-4, br. *Pl.*

51. **Goncourt** (E. et J. de). La Femme au dix-huitième siècle. *Paris, F. Didot,* 1887, in-4, br. *Pl.*

52. **Gréard.** Meissonier, ses souvenirs, ses entretiens. *Paris, Hachette,* 1897, gr. in-8, d.-rel. mar., n. rog. *Pl.*

53. **Gregorii Turonensis** Opera, edid. Arndt et Brusch. *Hannoveræ,* 1885, 2 vol. in-4, br.

54. **Gruel.** Manuel de l'amateur de reliures. *Paris,* 1887, in-4, br. *Pl.*

55. **Gruyer.** Raphaël, peintre de portraits. — Raphaël et l'Antiquité. — Les Fresques de Raphaël au Vatican. *Paris, Renouard,* 5 vol. in-8, d.-rel. mar. vert.

56. **Guiffrey** (J.). Les Caffiéri. *Paris, Morgand,* 1877, in-8, br. *Pl.*

57. **Havard** (H.). La Flandre et la Hollande à vol d'oiseau. *Paris, Decaux,* 1881, 2 vol. gr. in-8, br. *Pl.*

58. **Jacquemart.** Histoire de la Céramique. *Paris,
Hachette*, 1875, gr. in-8, br. *Pl.*

59. **Lacroix (P.).** Directoire, Consulat et Empire. *Paris,
F. Didot*, 1884, in-4, br. *Pl. Grand papier.*

60. **La Fontaine (J. de).** OEuvres. *Paris, Lemerre.*
1875, 6 vol. in-8, br.

61. **Lamartine.** OEuvres poétiques. *Paris, Furne*, 1875,
6 vol. in-12, br.

62. **Le Bon.** La Civilisation des Arabes. *Paris, F. Didot,*
1884, gr. in-8, d.-rel. mar. rouge, coins, n. rog. *Pl.*

63. **Leibniz.** Correspondance avec l'Électrice Sophie de
Brunswick-Lunebourg. *Hanovre*, 3 vol. in-8, br.

64. **L'Estoile (Pierre de).** Mémoires-Journaux. *Paris,
Jouaust*, 1875-96, 12 vol. in-8, br.

65. **Littré.** Dictionnaire de la langue française. *Paris,
Hachette*, 1876, 4 vol. in-4, d.-rel.

66. **Livre** du Centenaire du Journal des Débats. *Paris,*
1889, gr. in-8, mar. bl., tr. dor. *Pl.*

67. **Lothrop-Motley.** Histoire de la fondation de la
République des Provinces-Unies. *Paris, Lévy*, 1859,
4 vol. in-8, d.-rel. mar.

68. **Maspero.** Histoire ancienne des peuples de l'Orient
classique. *Paris, Hachette*, 1897, 2 vol. gr. in-8.,
cart. *Pl.*

69. **Mendel (H.).** Musikalisches Conversations-Lexikon.
Berlin, Oppenheim, 1879, 12 vol. in-8, d -rel. mar.

70. **Michel (E).** Rembrandt, sa vie, son œuvre. *Paris,
Hachette*, 1893, gr. in-8, br. *Pl.*

71. **Michel.** Les Musées d'Allemagne. *Paris*, 1886, in-4,
br. *Pl.*

72. **Michelet.** Histoire de France. *Paris, Lemerre.*
1885, 26 vol. in-12, br.

73. **Molière.** Théâtre, collationné sur les premières
éditions. *Lyon, Scheuring.* 1864, 8 vol. in-8, eaux-
fortes par Hillemacher, mar. rouge, tr. dor. *(Gruel).*

74. **Muller.** La Forêt. *Paris.* 1878, gr. in-8, br. *Pl.*

75. **Müntz.** La Renaissance en Italie et en France. *Paris,
F. Didot.* 1885, gr. in-8, br. *Pl.*

76. **Musique.** Vierteljahrsschrift für Musikwissenschaft.
Herausg. von Chrysander und Spitta. *Leipzig.* 1re année, 1885 à 1894, en livr. in-8.

77. **Musset** (A. de). OEuvres. *Paris, Lemerre.* 1876,
11 vol. in-12, br.

78. **Pasquier.** (Mémoires du Chancelier). *Paris, Plon.*
6 vol. in-8, d.-rel., mar., n. rog.

79. **Peyre.** Napoléon 1er et son temps. *Paris, F. Didot.*
1888, gr. in-8, mar. vert, tr. dor. *Pl. (Gruel)*.

80. **Pleiade Françoise.** *Paris, Lemerre.* 1867-98,
20 vol. in-8, br.
   Ronsard, 6 vol. — Ant. de Baif, 5 vol. — J. Du Bellay, 2 vol.
   Remy Belleau, 2 vol. — Jodelle, 2 vol. — J- Dorat. — Appen-
   dice, 2 vol.

81. **Quicherat.** Histoire du costume en France. *Paris,
Hachette*, 1876, gr. in-8, br. *Pl.*

82. **Rabelais.** OEuvres publiées par Marty-Laveaux.
Paris, Lemerre, 1869, 4 tom. en 5 vol. in-8, br.

83. **Rabelais.** OEuvres complétes publiées par Sardou.
San Remo, Gay, 1874, 3 vol. in-12, d.-rel. mar.

84. **Racine.** OEuvres, nouvelle édition par P. Mesnard.
Paris, Hachette, 1873, 8 vol. in-8 et 2 albums gr. in-8,
d.-rel., n. rog.

85. **Renan** (E.). OEuvres. *Paris, Lévy.* 22 vol. in-8, br.

86. **Revue critique** d'Histoire et de Littérature. *Paris,
Leroux.* 1re année, 1866 à 1897, 62 vol. in-8, d.-rel.
parc.

87. **Roses et Rosiers.** *Paris, Donnaud.* Gr. in-8, br.
Pl. coloriées.

88. **Sainte-Beuve.** Causeries du Lundi, 15 vol. —
Nouveaux Lundis, 13 vol. — Premiers Lundis, 3 vol.
Ens. 31 vol. in-12, br.

89. **Saint-Evremond.** OEuvres mêlées. *Paris, Techener.* 1865, 3 vol. in-12, d.-rel. mar.

90. **Saint-Simon.** Mémoires publiés par de Boislisle.
Paris, Hachette, 1896, 13 vol. in-8, br. *Grand papier.*

91. **Sévigné** (Mme de). Lettres, publiées par Mon-
merqué. *Paris, Hachette.* 1862, 14 vol. et album in-8,
d.-rel., mar., n. rog. — Lettres inédites, publiées par
Capmas. 1876, 2 vol. br. Ens. 17 vol.

92. **Shakespeare.** OEuvres complètes traduites par
Fr.-V. Hugo. *Paris, Lemerre.* 16 vol. in-12. br.

93. **Siret.** Dictionnaire des Peintres de toutes les
Écoles. *Paris, Daffis.* 1874, 2 vol. gr. in-8, br. *Papier
vergé.*

94. **Spoelberch de Lovenjoul**. Histoire des OEuvres de Théophile Gautier. *Paris*. 1887, 2 vol. in-8, br. *Papier vergé*.

95. **Sully-Prudhomme**. Poésies. *Paris, Lemerre*. 5 vol. in-18, d.-rel. mar.

96. **Taine**. Les Origines de la France contemporaine. *Paris, Hachette*. 1894, 6 vol. in-8, d.-rel. mar. et br.

97. **Thausing**. Albert Dürer. *Paris, Didot*. 1878, gr. in-8, br. *Pl.*

98. **Thurot**. De la Prononciation française depuis le commencement du xvie siècle. *Paris, Impr. Nat.* 1883, 2 vol. in-8, br.

99. **Viollet-le-Duc**. Dictionnaire raisonné de l'Architecture française du xie au xvie siècle. *Paris, Morel*. 1875, 10 vol. in-8, d.-rel. mar. bl., coins, n. rog.

100. **Viollet-le-Duc.** Dictionnaire raisonné du Mobilier français. *Paris, Morel*. 1875. 6 vol. in-8, d.-rel. mar. br., coins, n. rog. *Pl.*

101. **Virgile.** OEuvres, avec un Commentaire par E. Benoist. *Paris, Hachette*. 1867, 3 vol. in-8, d.-rel. chagr.

LIVRES EN LOTS

2.000 volumes de théologie, littérature et histoire. — Ouvrages allemands et français sur la musique. — Quantité de musique instrumentale, partitions. — Dictionnaires. — Publications de Lemerre et Jouaust, etc.

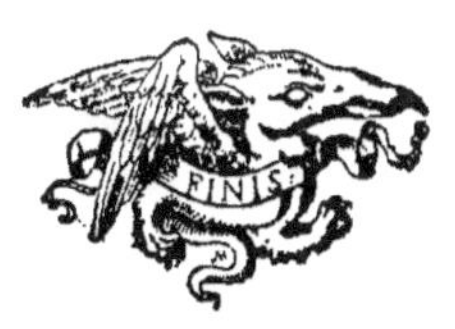